Lernen, sich in guten wie in schlechten Zeiten an Allah zu wenden

Ich setze mein Vertrauen auf Allah

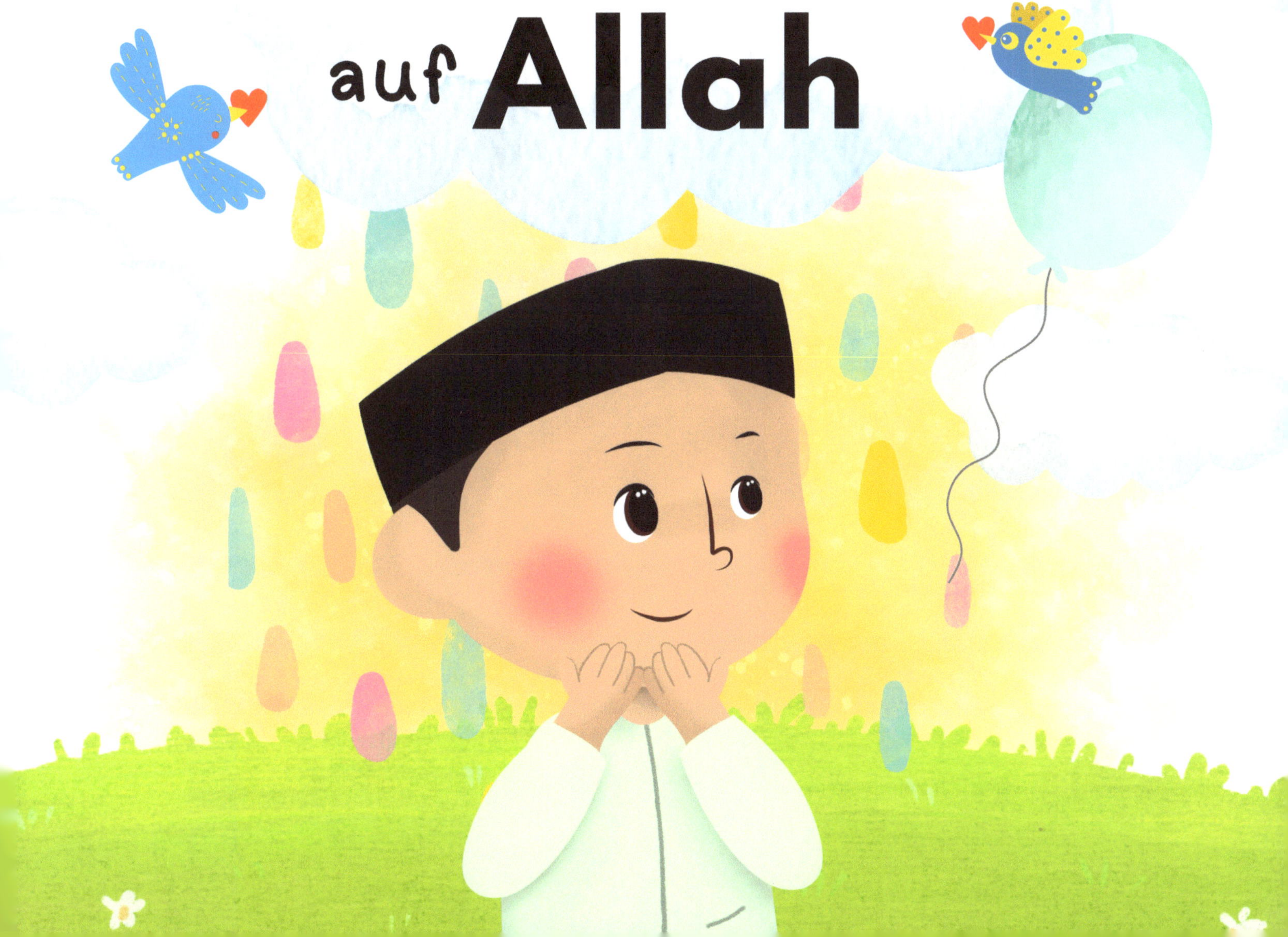

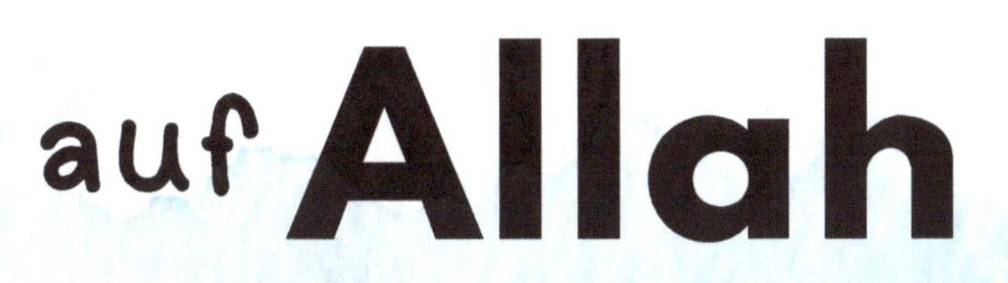

ISBN: 9789983979107

An die lieben kleinen Muslime ♥

Möge der Friede und Segen Allahs auf Ihnen sein.

In den Augen Allahs sind Sie wertvoll und jeder von Ihnen ist ein Licht in dieser weiten Welt. Ihr Glaube, Ihre Liebe zu Allah und Ihre Hingabe zum Islam sind unschätzbare Schätze.

Denken Sie daran, dass Allah immer bei Ihnen ist. Beten Sie und sprechen Sie mit Allah in Momenten der Freude, Trauer, des Zweifels oder der Dankbarkeit. Das Gebet ist eine mächtige Möglichkeit, mit Allah in Kontakt zu treten und ihn um Hilfe und Führung zu bitten, um alle Schwierigkeiten zu überwinden und Frieden im Herzen zu finden.

Seien Sie respektvoll gegenüber Ihren Eltern, Lehrern, Älteren und allen Menschen in Ihrer Umgebung. Respekt ist eine grundlegende Säule unseres Glaubens und unseres Verhaltens.

Seien Sie stark und mutig in Ihrem Glauben und haben Sie nie Angst zu zeigen, wer Sie als Muslim sind. Der Islam ist eine Quelle des Stolzes und der Liebe und jeder Tag ist eine Gelegenheit, die Schönheit unseres Glaubens durch unsere Taten und Worte zu zeigen.

Allah (ﷻ) hat uns erschaffen und uns Augen zum Sehen, Ohren zum Hören, ein Gehirn zum Denken und ein Herz zum Fühlen gegeben.

Unsere Gefühle werden in unserem Herzen geboren.
Manche Emotionen sind **positiv**, wie Freude, Dankbarkeit und Liebe, und andere sind **weniger angenehm**, wie Traurigkeit, Eifersucht und Angst.

Wenn wir über unsere Gefühle sprechen wollen, lasst uns mit Allah (ﷻ) sprechen. Allah ist immer bei uns. Er sieht alles und hört alles, sogar unsere stillen Gebete.

Manchmal bin ich eifersüchtig, wenn ich sehe, dass jemand
etwas hat, was ich nicht habe.

Aber Allah (ﷻ) sagt, dass er uns gegenüber immer gerecht ist.
Er hat uns viele Dinge gewährt, ohne dass wir ihn darum gebeten hätten.

Wahres Glück kommt nicht davon, alles zu haben, was man will; Es geht darum, immer dankbar zu sein und Freude an dem zu finden, was wir bereits haben.

Allah (ﷻ) sagt: „Wenn Sie dankbar sind, werde ich Ihnen sicherlich mehr geben."

Also zähle ich meine **Segnungen** und sage: „Alhamdulillah."

Wenn ich eine Sünde begehe, fühle ich mich schlecht und bin voller Reue.

Allah (ﷻ) sagt, dass er **verzeihend** und **barmherzig** ist.
Er **vergibt** uns alle Fehler, wenn wir uns aufrichtig
entschuldigen und uns verbessern möchten.

Also sage ich „Astaghfirullah" und bitte Allah (ﷻ), mich immer dazu zu leiten, Gutes zu tun.

In meinen Momenten der Angst erinnere ich mich
daran, dass Allah (ﷻ) immer bei mir ist.
Er ist mein höchster Beschützer.
Nur er kann meine Sorgen lindern und mich vor allem
sichtbaren und unsichtbaren Bösen beschützen.

Der Herr ist mit dir

Sure Al-Ikhlas

قُلْ هُوَ اللَّه أَحَدْ
Qul huwa l-lāhu 'aḥad(un) [1]
اَللَّه الصَّمَدْ
allāhu ṣ-ṣamad(u)' [2]
لَمْ يَلِدْ وَلَمْ يُولَدْ
Lam yalid walam yūlad [3]
وَلَمْ يَكُن لَّه كُفُوًا أَحَدٌ
Walam yaku n-lahū kufu'an [4]
aḥad(un)

Sure Al-Falaq

قُلْ أَعوذُ بِرَبِّ الْفَلَقِ
Qula 'ūdhu birabbi l-falaq(i)
مِن شَرِّ مَا خَلَقَ
Min sharri mā khalaq(a) [2]
وَمِن شَرِّ غَاسِقٍ إِذَا وَقَبَ
Wamin sharri ghāsiqin idhā [3]
waqab(a)
وَمِن شَرِّ النَّفَّـٰثَـٰتِ فِي الْعُقَدِ
Wamin sharrin n-naffāthāti [4]
fi l-'uqad(i)
وَمِن شَرِّ حَاسِدٍ إِذَا حَسَدَ
Wamin sharri ḥāsidin idhā [5]
ḥasad(a)

Sure An-Nas

قُلْ أَعوذُ بِرَبِّ النَّاس
Qula 'ūdhu birabbi n-nās(i) 1
مَلِك النَّاس
Maliki n-nās(i) 2
إِلَه النَّاس
ilāhi n-nās(i)' 3
مِن شَرِّ الْوَسْوَاس الْخَنَّاس
Min sharri l-waswāsi l-khannās(i) 4
الَّذِے يُوَسْوِسُ فِى صُدُورِ النَّاس
al ladhī yuwaswisu fī ṣudūri n-nās(i)' 5
مِن الْجِنَّة وَالنَّاس
Mina l-jinnati wannās(i) 6

Also lege ich mein ganzes Vertrauen in Ihn
und lese die letzten drei Suren des Koran.

Wenn sich ein Freund über mich lustig macht, werde ich wütend.
Aber ich erinnere mich, dass der Prophet (ﷺ) uns lehrte, dass
der stärkste Mann derjenige ist, der seinen Zorn kontrolliert.

Also lerne ich, ruhig und geduldig mit anderen zu sein und ihnen zu vergeben, wobei ich vermeide, das Böse mit Bösem zu beantworten.

In Stresssituationen, in denen ich meine Aufgaben nicht erfüllen kann, finde ich Erleichterung und Trost, wenn ich mich an Allah (ﷻ) wende.

Allah (ﷻ) sagt uns, dass er niemanden über
seine Leistungsfähigkeit hinaus belastet.

Ich glaube, dass ich mit Allahs Hilfe alles erreichen kann.
Deshalb wende ich mich in meinen Gebeten an ihn, damit er mir die
Kraft und Hilfe gibt, die ich zum Erreichen meiner Ziele brauche.

Wenn ich in meinen Prüfungen oder meinen Sportwettkämpfen erfolgreich bin, fühle ich mich glücklich und stolz.

Ich bleibe jedoch bescheiden und bin Allah (ﷻ) dankbar und sage:

" وَمَا تَوْفِيقِي إِلَّا بِٱللَّهِ "

„Mein Erfolg kommt nur von Allah"

Ich glaube, dass jeder Erfolg in meinem Leben nicht das Ergebnis meiner Handlungen allein ist, sondern das Ergebnis von **die Führung und Hilfe Allahs (ﷻ).**
Er allein gibt mir die Möglichkeiten, die Fähigkeiten und den Willen zum Erfolg.

Wenn die Dinge nicht so laufen, wie ich es
möchte, bin ich enttäuscht.

Aber ich denke daran, dass trotz meiner Pläne alles
nach dem Willen Allahs (ﷻ) geschieht, denn nur Er
weiß, was das Beste für uns ist.

Und dass selbst in Zeiten der Enttäuschung oft ein größerer
Plan und schöne Überraschungen auf uns warten.

Ich bleibe also optimistisch, weil ich an Allah (ﷻ) und seine Weisheit glaube
und dass er mir zum richtigen Zeitpunkt das Beste für mich geben wird.

Wenn ich mit meiner Familie oder meinen Freunden zusammen bin, fühle ich mich **geliebt** und **gute Begleitung**.

Ich danke Allah (ﷻ) zutiefst dafür, dass er mir fromme und fürsorgliche muslimische Eltern gegeben hat, die mich erzogen und mir beigebracht haben, Gott zu lieben und ein guter Mensch zu sein.

In meinen Gebeten bitte ich Allah, den Allmächtigen, meine lieben Eltern für meine Erziehung zu belohnen und sie ins Paradies zu lassen.
Ich versuche immer, sie zu ehren und ihnen zu gehorchen.

Außerdem danke ich Allah (ﷻ), dass er mir wundervolle Freunde geschenkt hat, die meinen Glauben stärken und mich ständig ermutigen, Gutes zu tun.

Wahre Freunde helfen einander im „DEEN", weil sie Nachbarn im Paradies (Jannah) sein wollen.

Wenn jemand, den ich liebe, diese Welt verlässt, um sich
Gott anzuschließen, macht mich das zutiefst traurig.

Was mein Herz jedoch beruhigt, ist die Lehre des Islam, dass der Tod keine Trennung für immer ist.

Der Tag wird kommen, an dem auch wir uns Gott, dem Barmherzigen, anschließen, mit unseren Lieben wiedervereint werden und ewig glücklich im Paradies leben werden.

Manchmal bin ich traurig und entmutigt, wenn ich krank werde.

Aber der Prophet (ﷺ) lehrte uns, dass in jedem Übel, das uns widerfährt, etwas Gutes steckt.

Durch Krankheit werden wir stärker und mutiger und lernen den Wert unserer Gesundheit zu schätzen.

Der Prophet (ﷺ) sagte auch:

"وَاعْلَمْ أَنَّ النَّصْرَ مَعَ الصَّبْرِ، وَالْفَرَجَ مَعَ الْكُرْبِ، وَأَنَّ الْيُسْرَ مَعَ الْعُسْرِ."

Wissen Sie, dass Sie letztendlich gewinnen werden, wenn Sie geduldig sind. Nach„ stressigen Zeiten kommt Erleichterung, und nach schwierigen Zeiten werden die „.Dinge einfacher

Dua für die Heilung

اللَّهُمَّ رَبَّ النَّاسِ أَذْهِبِ الْبَأْسَ، وَاشْفِ أَنْتَ الشَّافِي لَا شِفَاءَ إِلَّا شِفَاؤُكَ، شِفَاءًا لَا يُغَادِرُ سَقَمَاً

„O mein Gott, Herr der Menschen, lass das Böse verschwinden und heile mich. Du bist der Heiler. Es gibt keine Heilung außer der Deinen, eine Heilung, die kein Übel hinterlässt."

Also bin ich **geduldig** und spreche viele Gebete **(Duas)**, damit Allah (ﷻ) mich heilt, denn Er ist der Einzige Heiler.

Es gibt Zeiten, in denen mir das Selbstvertrauen fehlt.
Wenn ich mich mit meinen Freunden vergleiche, habe ich
manchmal das Gefühl, weniger schön zu sein und meine
Kleidung nicht so schön zu finden.

Aber Allah (ﷻ) sagt uns, dass er uns alle in perfekter Form
erschaffen und mit einzigartigen Eigenschaften ausgestattet hat,
die jeden von uns zu etwas Besonderem machen.

Unser Wert in den Augen Allahs (ﷻ) hängt also nicht von unserem Aussehen oder unserer Kleidung ab. Der Beste unter uns ist derjenige, der großes Vertrauen in Allah hat und sich in seinen Taten und Worten gut verhält.

Also lerne ich, meine Eigenschaften zu lieben und durch Gebete und die Lektüre des Korans in meinem Glauben voranzukommen.

Wenn ich Übungen nicht lösen oder eine Lektion
nicht verstehen kann, bin ich entmutigt.

Der Koran lehrt uns, dass Allah (ﷻ) die Quelle allen Wissens ist.
Und Ihn bitten wir, uns durch das Rezitieren dieses Dua zu
helfen, besser zu verstehen und zu assimilieren:

"رَّبِّ زِدْنِي عِلْمًا"

"Mein Herr, erweitern Sie mein Wissen."

Also rezitiere ich dieses Dua, wann immer ich mit
dem Lernen beginne.

Es ermutigt mich, mein Bestes zu
geben, um immer mehr zu lernen.

Manchmal langweile ich mich, wenn ich in meiner Freizeit nichts zu tun finde.

Doch der Islam lehrt uns, dass die Zeit kostbar ist und im Leben eines Muslims kein Platz für Langeweile ist.

Der Prophet (ﷺ) sagte:
„Es gibt zwei Vorteile, die vielen nicht bewusst sind:
Gesundheit und **Freizeit** »
Jeder freie Moment ist also eine Gelegenheit, gute Taten zu vollbringen, sei es Lernen, anderen zu helfen oder sich an Allah (ﷻ) zu erinnern (Dhikr).

Also lerne ich, meine Zeit im Dhikr besser zu nutzen, indem ich den Koran lerne und auswendig lerne, um ein „Hafidha" zu werden und die Liebe Allahs und seinen Segen zu erlangen.

Meine Lieblingsbeschäftigung ist die Gartenarbeit. Ich finde es sehr lustig!
Ich liebe es, Blumen zu pflanzen und ihnen beim Wachsen zuzusehen.

Nachdem ich die Samen gepflanzt und gegossen habe, sage ich:
„Ich möchte schöne Blumen in meinem Garten sehen,
INSHALLAH

Es ist sehr wichtig, „**INSHALLAH**" zu sagen, wenn wir etwas erreichen möchten, denn alles, was wir uns wünschen, wird wahr, wenn Gott es will.

Wenn ich meine Sachen mit Bedürftigen teile oder jemandem helfe, empfinde ich große Freude und tiefe Zufriedenheit.

Gleichzeitig bin ich Allah (ﷻ) dankbar, dass er mich zu guten Taten führt und mir die Möglichkeit gibt, anderen zu helfen.
Deshalb sage ich:

اللَّهُمَّ تَقَبَّل مِنِّي

"Allahumma taqabbal minni„
"Oh Allah, nimm diese Arbeit von mir an„

Der Prophet (ﷺ) lehrt uns, dass jede gute Tat zählt, auch wenn sie klein ist. Jemanden einfach nur anzulächeln oder ihm aufmunternde Worte zu sagen, wird zum Beispiel als Wohltätigkeit angesehen, sagt er:

تَبَسُّمُكَ فِي وَجْهِ أَخِيكَ صَدَقَةٌ

„Seinem Bruder ins Gesicht zu lächeln ist ein Akt der Nächstenliebe."

www.ingramcontent.com/pod-product-compliance
Lightning Source LLC
Chambersburg PA
CBHW042111110726
48006CB00002B/603